Alles über Haus des Geldes

Geniale Fakten und Insiderwissen: das unautorisierte Fanbuch

Haus des Geldes (Originaltitel: La casa de papel) ist eine spanische Fernsehserie von Álex Pina, die im Stile eines Heist-Movies die Geschichte eines Überfalls mit Geiselnahme auf die spanische Banknotendruckerei (Teil 1 und 2) bzw. die spanische Zentralbank (Teil 3, 4 und 5) erzählt.

Haus des Geldes zählt mit zu den erfolgreichsten internationalen Netflix-Serien 2021.

LA CASA
PAPEL

Die Serie teilt sich in fünf Teile auf. Der erste Teil, der aus den Episoden eins bis neun besteht, wurde in Spanien vom 2. Mai bis zum 27. Juni 2017 auf Antena 3 ausgestrahlt. Auf Netflix wurden diese neun Episoden neu geschnitten und am 22. Dezember 2017 als insgesamt 13 Episoden veröffentlicht. Der zweite Teil der Serie, der aus den Episoden 10 bis 15 besteht, wurde vom 16. Oktober bis zum 23. November 2017 in Spanien gesendet. Der zweite Teil wurde am 6. April 2018 als neun Episoden auf Netflix veröffentlicht. Aus den ursprünglich 70-minütigen Folgen wurden Episoden der Länge 41–55 Minuten geschnitten. Die neu geschnittenen Folgen tragen keine Titel. Der dritte, der vierte und der fünfte Teil sind exklusiv auf Netflix erschienen.

Die Erstausstrahlung der Serie erfolgte ab Mai 2017 auf dem Sender Antena 3. In deutscher Sprache erschienen die ersten neun Episoden in neu geschnittener, auf ca. 50 Minuten gekürzter Fassung als 13. Episoden im Dezember 2017 auf Netflix. Die restlichen sechs Episoden erschienen neu geschnitten als neun Episoden im April 2018 auf Netflix. Im Juli 2019 veröffentlichte Netflix weitere Folgen als Teil 3 mit acht Episoden und im April 2020 den vierten Teil mit ebenfalls acht Episoden. Letzterer wurde in den ersten 30 Tagen nach Erscheinen von 65 Millionen Haushalten mit Netflix-Abo gestreamt.

LA CASA DE PAPEL

Álvaro Morte spielt Sergio Marquina alias Der Professor

Ein mysteriöser Mann, der sich selbst nur als Professor bezeichnet, organisiert in Teil 1 mit Hilfe von acht Spezialisten den größten Raubüberfall in der Geschichte Spaniens. Gemeinsam wollen sie die Fábrica Nacional de Moneda y Timbre, die Banknotendruckerei Spaniens, infiltrieren, um sich somit selbst Geldscheine zu drucken. Um ihre Identität zu schützen und persönliche Bindungen zu vermeiden, benennen sich die acht anderen Verbrecher nach Großstädten: Tokio, Berlin, Rio, Helsinki, Oslo, Moskau, Denver und Nairobi; im Verlauf der Serie werden einige reale Namen bekannt.

Esther Acebo spielt Mónica Gaztambide alias Stockholm

Das Ziel ist es, mit insgesamt 2,4 Milliarden Euro den Raub abzuschließen. Dazu brauchen sie elf Tage Zugriff auf die Gelddrucker, und das erfordert einen ausgeklügelten Plan, um die Spezialkräfte der spanischen Polizei hinters Licht zu führen. In Teil 2 wird gezeigt, wie die Menschen in angespannten Situationen damit beginnen, sich gegen den Plan zu stellen, oder eben alles dafür tun, dass der Plan letztlich funktioniert. Eine der Geiseln, die zuvor ein Verhältnis mit dem Bankdirektor hatte, verliebt sich in Denver. Motiviert vom Direktor der Banknotendruckerei Arturo Román gelingt einer Gruppe Geiseln die Flucht, wobei sie Oslo schwer verletzen.

Jaime Lorente spielt Daniel Ramos alias Denver

Die Geisel, die sich in Denver verliebt hatte, schließt sich den Bankräubern an und erhält fortan den Übernamen Stockholm als Referenz zum Stockholm-Syndrom. Oslo wird von Helsinki auf Grund seiner Verletzungen getötet. Da auch der Professor in Schwierigkeiten gerät und seine Leute in der Bank eine Zeit lang nichts von ihm hören, zweifelt Tokio an ihm und will auf eigene Faust weitermachen. Berlin, der das Kommando hat, stellt sich dagegen und nach einer Auseinandersetzung mit Tokio liefert er sie an die Polizei aus. Mit Hilfe des Professors wird sie befreit und kehrt zurück, wobei Moskau im Kugelhagel tödlich verwundet wird.

LA CASA
DI CARTA
NETFLIX
NETFL

Itziar Ituno spielt Raquel Murillo Fuentes alias Lissabon

Doch der Professor hat viel größere Probleme: Er verliebt sich in die leitende Inspektorin Raquel Murillo, die seine Gefühle erwidert. Dabei ahnt sie nicht, dass ihr Freund der Professor ist. Nachdem sie ihn enttarnt hat, gelingt es ihm nach verbalen und körperlichen Auseinandersetzungen, sie auf seine Seite zu ziehen: Er und seine Leute wollen nichts Böses, lediglich Geld, das nicht einmal jemandem weggenommen wird, um aus ihren schlechten Verhältnissen zu entfliehen und ein neues Leben anzufangen. Die Inspektorin entscheidet sich zu kooperieren und setzt ihren Job und das Sorgerecht für ihre Tochter aufs Spiel. Gegen Ende stellt sich Berlin als der Halbbruder des Professors heraus, der an einer unheilbaren Krankheit leidet. Um den anderen die Flucht zu ermöglichen, opfert er sich im Kugelhagel der sie verfolgenden Spezialeinheit.

Darko Perić spielt Mirko Dragic alias Helsinki

Es gelingt der Bande, rechtzeitig mit dem Geld zu fliehen. Verkleidet verlassen sie einzeln oder paarweise nach und nach den Hangar mit gefälschten Ausweisen, um ihr neues Leben anzutreten. Das Geld wird von Helsinki und dem Professor in einem Lastwagen mitgenommen.

Es folgt ein Zeitsprung von einem Jahr; Raquel Murillo hat gekündigt. Im Fernseher sieht sie einen Bericht vom Banküberfall. Sie sucht die Postkarten, die ihr der Professor geschenkt hat; sie hätte sich ein Reiseziel aussuchen sollen. Auf den Rückseiten der Karten entdeckt sie eine geheime Botschaft: Der Professor hat eine Koordinatenangabe hinterlassen. Sie fliegt an das Ziel und trifft den Professor, der auf sie gewartet hat.

LA CASA DE PA

Miguel Herrán spielt Aníbal Cortés alias Rio

Zwei Jahre nach dem Überfall sind die Mitglieder der Gruppe auf der ganzen Welt verstreut. Der Professor und die frühere Inspectora Raquel befinden sich in Teil 3 in Palawan, Philippinen, Nairobi und Helsinki in La Pampa, Argentinien, Denver und Mónica auf Java, Indonesien, und Tokio und Rio auf einer Insel in Guna Yala, Panama. Tokio sehnt sich nach Abwechslung und plant die Insel zu verlassen. Um Kontakt halten zu können, gibt Rio ihr ein Satellitentelefon. Nach drei Tagen ruft er sie an, doch der Anruf kann zurückverfolgt werden und Rio wird festgenommen.

LA CASA
DI CARTA
ETFLIX
PR
POWER RACER
BRAVES

Úrsula Corberó spielt Silene Oliveira alias Tokio

Tokio kann gerade noch so entkommen und gelangt zum Professor nach Thailand, welcher daraufhin den Rest der Gruppe in einem Kloster in Italien versammelt, um die Rettung Rios zu planen. Dieser wird derweil an einem unbekannten Ort (ähnlich einer Black Site) von der Inspectora Alicia Sierra gefoltert, um die Aufenthaltsorte der anderen Mitglieder zu verraten. Die Gruppe plant einen Einbruch in die Bank von Spanien, die spanische Zentralbank, und hat es offenbar auf das dort gelagerte Gold abgesehen.

Pedro Alonso und Rodrigo de la Serna spielen Andrés de Fonollosa Gonzalves alias Berlin und Martín Berrote alias Palermo

Der Plan stammt von Berlin, und der Professor will ihm so Tribut zollen. Durch den Einbruch möchten sie auch die Aufmerksamkeit der Regierung erhalten und öffentlich auf den Umstand Rios rechtswidriger Behandlung aufmerksam machen und den Staat zwingen, ein ordentliches Gerichtsverfahren zu eröffnen. Beim Überfall sind diesmal auch Raquel, unter ihrem Decknamen Lissabon, ein Freund des verstorbenen Berlins und zwei neue Handlanger dabei. Der Professor leitet zusammen mit Raquel den Einbruch von außen aus einer mobilen Kommandozentrale.

Nachdem in die Bank eingebrochen wurde, und das Gold aus dem Tresorraum geborgen und eingeschmolzen wird, zeigt sich ein weiteres Ziel der Gruppe: geheime Regierungsdokumente, die ebenfalls im Tresorraum, zusätzlich geschützt, aufbewahrt werden. Durch Drohung mit Veröffentlichung derer will die Gruppe die Polizei zurückhalten. Diese lenkt dann allerdings die Öffentlichkeit mit falschen Angaben ab, und so werden die geheimen Dokumente aus dem Tresor nutzlos.

Enrique Arce und Esther Acebo spielen Arturo Román und Mónica Gaztambide alias Stockholm

Nach Gefangennahme eines Sondereinsatzkommandos durch die Gruppe, verhandelt der Professor um die Freilassung Rios: 40 Geiseln sowie das Sonderkommando. Nachdem der Tausch vollzogen ist, springt Arturo Román in letzter Sekunde durch die schließende Sicherheitstür in die Bank. Er hat ein Buch über seine Geiselnahme geschrieben und sieht sich selbst als Held, sehnt sich jedoch nach Stockholm bzw. Mónica Gaztambide. Diese hat jedoch kein Interesse mehr an ihm und möchte auch nicht, dass Arturo auf ihren gemeinsamen Sohn trifft.

Der Professor und Raquel werden fernab der Bank von der Polizei verfolgt. Der Professor schafft es gerade so, sich auf einem Baum zu verstecken, Raquel zieht sich in eine Scheune zurück. Nachdem Rio zurück zur Gruppe gelassen wird, macht er mit Tokio Schluss, die sich daraufhin betrinkt. Raquel wird von zwei Bauern entdeckt, die es auf die ausgesetzte Belohnung in Höhe von 10 Millionen Euro abgesehen haben, und schließlich von der Polizei festgenommen.

HAUS DES

Alvaro Morte und Najwa Nimri spielen Sergio Marquina alias Der Professor und Inspectora Alicia Sierra

Die Inspectora Alicia Sierra lässt eine Erschießung von Raquel durch die Polizei fingieren, um durch ihren Tod den Professor und somit die Gruppe psychologisch zu brechen. Nairobi wird derweil von Sierra mit einer List an ein Fenster gelockt und von einem Scharfschützen angeschossen. Die Gruppe versucht alles, um die stark blutende Nairobi zu retten, währenddessen plant die Polizei den Trubel zu nutzen, um mit einem Panzerwagen in die Bank zu brechen. Als Reaktion auf Raquels angebliche Tötung ruft der Professor Krieg aus und genehmigt so den Einsatz sämtlicher Mittel. Rio und Tokio feuern mit Panzerabwehrhandwaffen auf das gepanzerte Fahrzeug und verhindern so das Eindringen in letzter Sekunde, verstoßen so aber gegen ihre goldene Regel, dass kein Blut fließen darf.

DE

Alba Flores spielt Ágata Jiménez alias Nairobi

Nachdem die Protagonisten in Teil 4 das Feuer auf die Polizei eröffnet haben, versuchen sie Nairobi mit einer provisorischen Operation zu retten, indem sie die Kugel und den Teil der Lunge, in dem die Kugel feststeckt, herausholen. Nachdem dies, trotz gekappter Verbindung zu einem Chirurgen, gelingt, bricht ein Streit aus.

Palermo, dem das Kommando entzogen und an Tokio übergeben wurde, tauscht seinen roten Overall gegen einen Anzug aus und will die Bank verlassen. Er wird in letzter Sekunde von Tokio und Helsinki aufgehalten, die ihn mit Ketten fesseln und zu den Geiseln setzen lässt. In der Zwischenzeit wird Lissabon in die Polizeiverhandlungszentrale vor der Bank gebracht. Sie wird dort in Isolationshaft von Sierra verhört, die sie mit der Festnahme ihrer Mutter und Tochter erpresst.

Luka Peroš spielt Jakov alias Marseille

Der Professor kann vor den Polizisten flüchten und mit Hilfe eines neuen Komplizen, „Marseille", zurück in die Basis gelangen. Mit Marseille zusammen erpresst er einen Polizisten, der im Zelt der Polizeizentrale vor der Bank arbeitet. Von ihm erfährt er, dass Lissabon noch am Leben ist. Er plant eine komplizierte Befreiungsaktion.

Der Sicherheitschef Gandía des Gouverneurs der Bank von Spanien, der unter den Geiseln mit Handschellen gefesselt ist, wird von Palermo angestachelt, sich aus den Handschellen durch Auskugeln des Handgelenks zu befreien. Es gelingt ihm. Rio will ihn aufhalten, kann es allerdings nicht über sich bringen, die Geisel zu erschießen, da er aufgrund seiner Folter in Teil 3 an einer PTBS leidet. Der Sicherheitschef Gandía verschanzt sich im Panikraum und beginnt eine systematische Jagd nach den Geiselnehmern. Er entführt Tokio in seinen Panikraum und hält sie dort gefangen.

LA CASA DI CARTA
NETFLIX
DI CARTA
NETFLIX
LA CASA
NETFLIX
LA CASA DI CARTA
NETFLIX
NETFLIX
LA CASA DI CARTA
LA CASA DI CARTA

Luka Peroš, Miguel Herrán, Esther Acebo, Úrsula Corberó und Jaime Lorente

Nairobi ist erwacht. Sie bekommt einen provisorischen Rollstuhl, da sie sich nach der Operation nicht bewegen kann. Es stellt sich heraus, dass Bogotá in sie verliebt ist, schließlich erwidert sie seine Liebe und die beiden küssen sich während der Jagd auf Gandía. Palermo wird vom Professor wieder ins Team zurückgeholt. Die Situation verschärft sich, als dem Sicherheitschef gelingt, Nairobi zu entführen und in einer Toilette festzuhalten. Nach einer versuchten Befreiungsaktion erschießt er Nairobi vor den Augen der anderen und flüchtet, woraufhin Denver ihn verfolgt. Dieser schafft es, ihm mit einer Granate einen Splitter in den Hals zu rammen. Im Panikraum bricht der Sicherheitschef zusammen. Tokio und die anderen schaffen es, Gandía zu fixieren und er ist nun in Obhut der Protagonisten. Durch eine waghalsige Befreiungsaktion schaffen es der Professor und sein Team, Lissabon in die Bank zu bringen. Der Professor hat es kurz zuvor geschafft, die Polizei und die Regierung in den öffentlichen Medien zu diffamieren und zu beweisen, dass Rio unrechtmäßig behandelt und gefoltert wurde. Das Team ist nun vollständig und verspricht sich, den Krieg „für Nairobi" zu gewinnen. In der letzten Szene des 4. Teils steht die schwangere Kommissarin Sierra, die ihre eigenen Ermittlungen eingeleitet hat, nachdem sie wegen der Vorwürfe der Medien, Rio gefoltert zu haben, von dem Fall abgezogen wurde, in der Kommandozentrale des Professors. Sierra hatte Aufnahmen des Nummernschildes vom Fahrzeug des Professors bei der Bestechung des Polizisten gefunden. Dadurch gelang es ihr, den Kontrollraum des Professors aufzufinden. Dieser war mittlerweile alleine, da Marseille für die Rettungsaktion eine andere Aufgabe bekam. Sie bedroht ihn mit ihrer Pistole. Damit endet Teil 4.

PR
LUXXX

Während die Polizei den Hubschrauber, der Lissabon bei der Bank abgesetzt hat, zu Beginn des 5. Teils weiter verfolgt, ist der Professor von Sierra aufgespürt worden. Doch anstatt ihn bei der Polizei auszuliefern, foltert sie ihn, um seine Pläne zu erfahren. In der Bank wird das Team langsam ungeduldig, als der Professor ihnen nicht mehr antwortet. Trotz Polizei kann Marseille dank eines ausgeklügelten Planes entkommen, als er den Hubschrauber landet. Die Polizei bereitet währenddessen die Stürmung der Bank durch das Militär vor, was das Team weiter hinauszögern will. Um weiter Zeit zu gewinnen, verhandeln sie mit der Polizei die ärztliche Behandlung Gandías, der schwer verletzt ist. Doch auch die Geiseln bekommen den geplanten Einsatz des Militärs mit und befürchten, dass ihr Überleben nicht die oberste Priorität des Militärs ist.

RIO

TOKYO

DENVER

NAIROBI

LISBON

MANILA

OSLO

BERLIN

HELSINKI

MOSCOW

STOCKHOLM

BOGOTÁ

PALERMO

MARSEILLE

Fernando Cayo spielt Coronel Luis Tamayo

Während Lissabon im Beisein von Tokio und Stockholm außerhalb des Bankgebäudes mit Luis Tamayo verhandelt, planen zwei der dahinterstehenden Geiseln, der Bankdirektor und Arturo, eine Flucht. Tamayo und sie einigen sich auf die Verschiebung des Militärangriffs gegen die Auslieferung des schwer verletzten Sicherheitschefs Gandía. Währenddessen duelliert sich Bogotá mit Gandía in einem Faustkampf, um Nairobi zu rächen. Bevor Bogotá ihm das Genick brechen will, hält Tokio, die mit Lissabon, Stockholm und den Geiseln in die Bank zurückgekehrt ist, ihn ab.

Rodrigo De La Serna, Itziar Ituno, Jaime Lorente und Belen Cuesta

In diesem Moment ergreifen der Direktor, Arturo und weitere Geiseln mit aufgehobenen Waffen die Flucht. Arturo fängt an, um sich zu feuern und verletzt dabei Denver sowie zwei Geiseln schwer. Inzwischen ordnet Tamayo die Vorbereitung des Angriffs durch das Militär an, wird jedoch von dem Anführer, Sagasta, unterbrochen. Sagasta betrete das Gebäude nur mit „seinen Leuten", denen es egal sei, wer sich hinter der Maske verbirgt, die sich auf das Stellunghalten statt Lebenretten konzentrierten.

In einer weiteren Rückblende wird ein Goldraub in Kopenhagen thematisiert, den Berlin zusammen mit seiner Frau Tatiana und seinem Sohn Rafael verübt. Ein konkreter Zusammenhang zu den Geschehnissen des fünften Teils wird dabei noch nicht direkt hergestellt. Tokios Lebensgeschichte wird näher erläutert. Sie hatte ein „Bonnie & Clyde"-Verhältnis mit René, einem Bankräuber, der bei einem der Überfälle erschossen wird. Auf der Flucht wird sie vom Professor für sein Team rekrutiert und beginnt ein neues Leben. Auch ihr späterer Dauerfreund Rio muss ein neues Leben beginnen, nachdem Tokio bei einem Feuergefecht mit der Spezialeinheit stirbt. Rio versucht, sie zu retten, sie können sich aber nur noch voneinander verabschieden.

CASA DI CARTA

José Manuel Seda spielt Sagasta

Alicia erleidet im Verlies des Professors eine Steißgeburt. Sie kann ihre Tochter Victoria nur mit Hilfe des Professors zur Welt bringen. Der Professor erlangt die Kommunikation mit seinem Team zurück und kann Anweisungen geben, wie das Team sich der Spezialeinheit zur Wehr setzen kann. Alicia besorgt sich auf der Toilette eine kleine Zange, die sie eventuell später als Waffe gegen den Professor einsetzen kann. Die erste Ausgabe des fünften Teils endet mit dem Tod Tokios durch ihre vier Handgranaten.

In der zweiten Ausgabe teilt Sagasta dem Oberst Tamayo mit, dass neben Tokio einige Spezialeinheitskrieger sowie Gandía gestorben sind. Tamayo möchte daraufhin die Operation abbrechen, doch Sagasta lehnt ab, um seine Mission beenden.

Die Schauspieler der 5. Staffel von Haus des Geldes bei der Premiere der Serie 2021 in Madrid

Mitte Oktober 2019 wurde von einem Sprecher der Produktionsfirma bestätigt, dass Netflix zwei weitere Teile der Serie sowie ein Spin-off in Auftrag gegeben habe. Der fünfte Teil sollte ursprünglich im September 2020 und der sechste Teil im März 2021 erscheinen. Wohl aufgrund der COVID-19-Pandemie entschied man sich gegen einen sechsten Teil, womit der fünfte mit zehn Folgen der letzte Teil ist. Die ersten fünf Folgen des fünften Teils wurden im September 2021 auf Netflix veröffentlicht und die letzten fünf Folgen erschienen am 3. Dezember desselben Jahres. Wenige Tage vor Ausstrahlung der finalen fünf Folgen wurde bestätigt, dass die Figur Berlin eine eigene Serie erhält, die 2023 auf Netflix erscheinen soll.

Impressum

Für Fragen und Anregungen: 27AmigosVerlag@gmail.com

L. Willnauer
Marktstrasse 10
80802 München

Texte vom Autor und teilweise aus: Wikipedia, Die freie Enzyklopädie. URL: https://de.wikipedia.org/

Printed in the EU

ISBN 978-3-7505-1408-9

Bildnachweise

JOCA_PH shutterstock.com; imago images/Everett Collection; David Esser, shutterstock.com; Zenytal, shutterstock.com; Andrea Raffin, shutterstock.com; Andrea Raffin, shutterstock.com; imago images/NurPhoto; imago images/NurPhoto; Andrea Raffin/ shutterstock.com; Andrea Raffin/ shutterstock.com; imago images/Cinema Publishers Collection; imago images/Everett Collection; imago images/NurPhoto; imago images / Rudolf Gigler; imago images/NurPhoto; imago images/Everett Collection; imago images/ Picturelux; Andrea Raffin/ shutterstock.com; Andrea Raffin/ shutterstock.com; Emre Can Bulut/ shutterstock.com; imago images/ NurPhoto; imago images/Picturelux; paolo_fashionstreet/ shutterstock.com; imago images/NurPhoto; imago images/NurPhoto

Printed in Poland
by Amazon Fulfillment
Poland Sp. z o.o., Wrocław

16486896R00031